ANTHROPOSOPHIE
UND
KIRCHE

RUDOLF STEINER

Die Stellung
der Kirche «Die Christengemeinschaft»
zur
anthroposophischen Bewegung

Vortrag vom 30.12.1922

FORUM KULTUS

ARBEITSMATERIAL ZUR KULTUS-FRAGE

Manuskript - ohne Gewähr

Texte Rudolf Steiner, wenn nicht anders angegeben.
Zusammenstellung, Hervorhebungen, Gestaltung und
Herausgabe: Dr.Volker David Lambertz, D-78333 Wahlwies (ViSdP) ©
Förderkreis FORUM KULTUS, Herrensteig 18, D-78333 Wahlwies
www.forum-Kultus.de - Post@Forum-Kultus.de

Ostern 2011 - 2. Auflage Weihenacht 2012

Druck, Herstellung, Verlag: Books on Demand,
BoD, In de Tarpen 42, D-22848 Norderstedt

ISBN: 978-3-8423-5544-6

Wir danken
der Rudolf Steiner-Nachlassverwaltung, dem Rudolf Steiner-Verlag,
CH-4143 Dornach, für die Herausgabe des Werkes Rudolf Steiners!
Unterstützen Sie den «Verein zur Förderung der Rudolf Steiner Gesamtausgabe», Ulm,
Spendenkonto: 387086-701, Postbank Stuttgart, BLZ 600 100 70, bzw. die
«Internationale Fördergemeinschaft Rudolf Steiner Archiv», CH-4144 Arlesheim,
Spendenkonto: 12.906/00.10 - Raiffeisenbank Arlesheim, BC 80 776

Bild auf Seite 1 ist das Priesterseminar der «Christengemeinschaft» in Stuttgart.

ARBEITSMATERIAL ZUR KULTUS-FRAGE

Man muss sich nur im Klaren sein,
dass man über dies Thema
nicht streiten kann,
sondern man muss lernen,
Wesensunterschiede zu unterscheiden.
Alle Kultformen haben
ihre Berechtigung und ihre Bedeutung,
und man kann daher
jede in der ihr gemäßen Form
und dem ihr zukommenden Rahmen
durchaus anerkennen.

Fred Poeppig

Inhalt

Liebe LeserInnen,

es geht hier um das Verhältnis der interreligiösen anthroposophischen Bewegung zur Religionsgemeinschaft / Kirche «Die Christengemeinschaft», eine problematische und lange tabuisierte Thematik.

Religion ist die «Privatsache» eines jeden Einzelnen, das wird von Rudolf Steiner mehrfach betont.

Ein jeder - so auch selbstverständlich der "Anthroposoph" - kann sich religiös und kultisch betätigen wo und wie er will.

Die meisten Anthroposophen neigen zur Kirche «Die Christengemeinschaft», weil diese aus den Quellen der Anthroposophie schöpft und durch die Gründungsberatung Rudolf Steiners und der Formulierung der Kultus-Texte durch ihn, die gewünschte spirituelle Tiefe bietet.

Aber gerade in dieser Kirche scheint ein Engagement von Anthroposophen als Kirchenmitglieder kontraproduktiv.

Denn die «Christengemeinschaft» war nicht - was sie heute praktisch ist - als Kirche für Anthroposophen gedacht, sondern vor allem «für diejenigen, die den Weg zur Anthroposophie *noch* nicht finden können», eine «*Vorschule* zur Anthroposophie»...

In seinem Vortrag am 30.12.1922 stellt Rudolf Steiner das Verhältnis von Anthroposophen und Anthroposophie zur «Chrisengemeinschaft» deutlich dar. Dennoch fanden seine Worte meist nur Relativierung und Verdrängung, die ganze Thematik wurde zum Tabu; die «Christengemeinschaft» beanspruchte das sakramentale Monopol.

Eine freie Entscheidung setzt voraus, dass man informiert ist; deshalb findet sich diese Klarstellung hier als Sonderdruck veröffentlicht.

Außenstehenden kann sie deutlich machen, dass eine "Anthroposophen-Kirche" nicht dem Wollen Rudolf Steiners entsprach; uns Anthroposophen, dass wir vielleicht doch - auch für den kultischen Dienst - unsere Hausaufgaben machen und einen überkonfessionellen, «spezifisch anthroposophischen Weg» suchen und praktizieren...

Inzwischen ist die Thematik ausführlicher erarbeitet, vor allem vom «Forum Kultus», einem Arbeitskreis von kultisch engagierten Anthroposophen.

Sie finden weitere Informationen
in der Internetseite www.Forum-Kultus.de ,
hier in den Literaturhinweisen (S.49)
und im Kapt. Forum Kultus (S.52).

Das Priestertum des Menschen
ist das einzige, das mir einleuchtet,
und darum bin ich so dankbar,
dass ich Rudolf Steiner begegnete.

Maria Lehrs-Röschl

Volker David Lambertz
im Forum Kultus

Es könnte doch vielleicht irgendjemand schon andeuten, wie so etwas wie die religiöse Erneuerung behandelt werden muss, die Richtung davon wenigstens. Sonst ist keine Sicherheit vorhanden. Es muss ein Bewusstsein vorhanden sein, wie so etwas behandelt wird, von welchem Gesichtspunkt aus. Gerade wenn die Lebensbedingungen der Gesellschaft in Betracht kommen, muss man sich klar sein darüber, von welchen Gesichtspunkten aus die religiöse Erneuerungsbewegung behandelt werden muss.

Rudolf Steiner, 13.02.1923
in der Nachtsitzung des «Dreißiger-Kreises»

Daher muss ich darauf aufmerksam machen, dass es deplatziert ist, im Zusammenhang mit einem solchen Vortrag, wie ich ihn am 30. 12. 1922 gehalten habe, die Frage der Beeinflussung des Urteils der Mitglieder der Anthroposophischen Gesellschaft vorzubringen. Gewiss, bei vielen anderen, bei reichlich anderen Gelegenheiten kann es vorgebracht werden. Wenn es aber im Zusammenhang mit einem solchen Vortrag geschieht, dann ruft man Missverständnisse hervor, weil man die Wahrheit zudeckt, die von mir als eine heilige erstrebt wird: dass niemandes Urteil beeinflusst werde gegenüber dem, was ich selber als ein Wichtigstes innerhalb der Anthroposophischen Gesellschaft zu sagen habe.

Rudolf Steiner, 30.1.1923, GA 257, S.35-36
Antwort auf Emil Bock
(Erzoberlenker der «Christengemeinschaft»)

ARBEITSMATERIAL ZUR KULTUS-FRAGE

Ungekürzte, originale Wiedergabe.
Hervorhebungen durch V.D.Lambertz.
Die Nummerierung in ( ) bezieht sich auf die Seitenzahl
der [Leinen-]Ausgabe von 1984, von GA 219.

Die Stellung
der Bewegung für religiöse Erneuerung
(«Die Christengemeinschaft»)
zur anthroposophischen Bewegung

Aus dem Zyklus:
Das Verhältnis der Sternenwelt zum Menschen
und des Menschen zur Sternenwelt
Die geistige Kommunion der Menschheit

Rudolf Steiner
Dornach, 30.Dezember 1922,
11. Vortrag im Zyklus, s.a. GA 219

(162:) Hier an diesem Orte habe ich es öfter ausgesprochen, wie in älteren Zeiten der Menschheitsentwickelung eine harmonische Einheit umschlos-
sen hat Wissenschaft, Kunst und Religion. Wer auf
die eine oder andere Art von dem Wesen älterer
Mysterien Kenntnis gewinnen kann, der weiß, dass
innerhalb dieser Mysterien das Wissen, die Erkenntnis gesucht worden ist als eine Offenbarung des
Geistigen in seiner Bildgestalt auf jene Art, wie man
es in älteren Zeiten hat suchen können. Diese Art
kann nicht mehr die unsrige sein, aber wir müssen
in unserem Zeitalter wiederum bis zur Erkenntnis des
geistigen Wesens der Welt vorschreiten.

Allen älteren Weltanschauungen liegt eine
bildhafte Erkenntnis des Geistigen zugrunde. Diese
Erkenntnis des Geistigen lebte sich aber unmittelbar so aus, dass sie nicht bloß im Worte mitgeteilt
wurde, sondern durch diejenigen Mittel, die allmählich zu unseren Kunstmitteln geworden sind:
die körperlich-bildhafte Darstellung in den bilden-
den Künsten, die Darstellung durch Ton und Wort in

9

den musikalischen und redenden Künsten. Aber von dieser zweiten Stufe kam es dann zur dritten Stufe, zu der religiös-kultischen Offenbarung des Wesens der Welt, durch die sich der ganze Mensch zu dem göttlich-geistigen Weltengrunde erhoben fühlte, nicht bloß in einer gedankenmäßigen Art, auch nicht bloß in einer gefühlsmässigen Art, wie durch die Kunst, sondern so, dass Gedanken und Gefühle und auch der innerste Willensimpuls sich an dieses Göttlich-Geistige hingaben. Und dasjenige, durch welches die äußeren Willenshandlungen des Menschen durchgeistigt werden sollten, waren die Opferhandlungen, die Kultushandlungen. Man fühlte die lebendige Einheit in Wissenschaft, so wie man sie sich damals vorstellte, in Kunst, in Religion.

Das Ideal des gegenwärtigen Geisteslebens muss dahin gehen, wiederum eine Erkenntnis zu gewinnen, welche das verwirklichen kann, was Goethe schon geahnt hat: dass sie sich erhebt zur Kunst - nicht etwa zur symbolischen oder allegorischen Kunst, sondern zur wirklichen (163:) Kunst, zum Schaffen und Formen in Tönen, in Worten -, dass sie sich aber auch vertieft zum unmittelbaren religiösen Erleben. Nur wer anthroposophische Geisteswissenschaft so erfasst, dass er in ihr diesen Impuls sieht, erfasst sie eigentlich in ihrem wahren Wesen. Es ist selbstverständlich, dass die Menschheit verschiedene Schritte in ihrer Geistesentwickelung wird machen müssen, um zur Verwirklichung eines solchen Ideales zu kommen. Aber in dem geduldigen Sich-Hingeben an diese Schritte liegt dasjenige, was die anthroposophische Bewegung vorzugsweise betätigen muss.

Nun möchte ich innerhalb dieser hier jetzt zu haltenden anthroposophischen Vorträge von einem besonderen Gesichtspunkte aus gerade über diesen jetzt charakterisierten Impuls der anthroposophischen Bewegung sprechen. Wenn ich meine Ausführungen getan haben werde, werden Sie vielleicht sehen, welches eigentlich die tiefere Veranlassung zu diesen Auseinandersetzungen ist. Und ich mochte im Voraus bemerken, dass heute schon anthroposophische Bewegung längst nicht mehr zusammenfällt mit Anthroposophischer Gesellschaft, aber dass die Anthroposophische Gesellschaft, wenn sie ihr Wesen verwirklichen will, tatsächlich voll tragen muss den Impuls der anthroposophischen Bewegung.

Die anthroposophische Bewegung hat weitere Kreise ergriffen als bloß die Anthroposophische Gesellschaft. Das machte notwendig, dass in der letzten Zeit die Art des Wirkens für die anthroposophische Bewegung eine etwas andere sein musste als in derjenigen Zeit, in welcher im Wesentlichen die anthroposophische Bewegung in der anthroposophischen Gesellschaft beschlossen war. Aber die Anthroposophische Gesellschaft kann nur ihr Wesen erfüllen, wenn sie sich als Kern der anthroposophischen Bewegung fühlt.

Nun muss ich, um nicht bloß theoretisch, sondern real verständlich zu werden, in Bezug auf dasjenige, was ich jetzt gesagt habe, Ihnen einiges von dem mitteilen, was sich mit Bezug auf eine andere Bewegung als die anthroposophische es ist, in der letzten Zeit zugetragen hat, weil, wenn ich das nicht täte, leicht Missverständnisse entstehen könnten. Ich will deshalb heute episodisch erzählen, in welcher Form eine religiös-kultische Bewegung entstanden ist, die mit (164:) der anthroposophischen Bewegung allerdings viel zu tun hat, aber nicht mit ihr verwechselt werden sollte: die religiös-kultische Bewegung, welche sich nennt, «Bewegung für religiöse Erneuerung», zur Erneuerung des Christentums. Die Stellung dieser Bewegung zur anthroposophischen Bewegung wird verständlich werden, wenn zunächst zum Behufe der Herstellung dieses Verständnisses von den Formen ausgegangen wird, in denen sich diese Bewegung für religiöse Erneuerung entwickelt hat.

Es ist jetzt eine Zeit lang her, da kamen eine geringe Anzahl begeisterter jüngerer Theologen zu mir, christlicher Theologen, die darinnenstanden, ihr theologisches Studium zu beenden, um ins praktische Seelsorgerwirken überzutreten. Sie kamen zu mir und sagten mir etwa dieses: Derjenige, der heute mit einem wirklich hingebungsvollen christlichen Herzen als Studierender aufnimmt die ihm universitätsmäßig gebotene Theologie, fühlt sich zuletzt, wie wenn er für sein zu erwartendes praktisches Seelsorgerwirken keinen festen Boden unter den Füßen hätte. - Die theologisch-religiöse Bewegung hat allmählich Formen angenommen, die ihr nicht gestatten, dasjenige wirklich hineinzugießen in das Seelsorgerwirken, was lebendig ausgehen muss von dem Mysterium von Golgatha, was lebendig ausgehen muss von dem Bewusstsein, dass durch das Mysterium von Golgatha die Christus-Wesenheit, die vorher in geistigen Welten weilte, sich verbunden hat mit dem menschlichen Erdenleben und im menschlichen Erdenleben weiterwirkt. Man machte mir ungefähr bemerklich, dass in den Seelen derer, die da kamen, die Empfindung lebt, dass eine Erneuerung des ganzen theologischen Impulses und des ganzen religiösen Impulses notwendig sei, wenn das Christentum lebendig erhalten werden soll, wenn das Christentum so erhalten werden soll, dass es auch die wirklich lebendige Kraft für unser ganzes geistiges Leben sein kann. Und es ist klar, dass der religiöse Impuls nur dadurch seine wahre Bedeutung hat, dass er den Menschen in seinem Wesen so tief ergreift, dass er allerdings alles andere, was der Mensch aus seinem Denken, Fühlen und Wollen hervorbringt, durchdringt.

Ich bemerkte zunächst denjenigen, die zu mir kamen, damit ich ihnen helfe in dem, was sie anstrebten und woanders nicht finden [165:] konnten als da, wo anthroposophische Geisteswissenschaft heute in die Welt tritt, ich bemerkte zunächst diesen nach einer religiösen Erneuerung suchenden Menschen, dass es notwendig sei, nicht aus irgendeinem Einzelenthusiasmus heraus zu wirken, sondern dass es darauf ankommt, dasjenige, was in weiteren Kreisen ein wenn auch mehr oder weniger unbewusst vorhandenes Gleiches Streben ist, gewissermaßen zu sammeln. Ich bemerkte diesen Persönlichkeiten, dass ihr Streben selbstverständlich kein vereinzeltes ist, sondern dass sie vielleicht intensiver als manche andere, aber dennoch nur dasjenige in ihrem Herzen fühlten, was zahlreiche Menschen der Gegenwart fühlen, dass aber, wenn es sich handelt um religiöse Erneuerung, zunächst von der breiten Basis ausgegangen werden muss, innerhalb welcher zu finden sind eine größere Anzahl von Menschen, aus deren Herzen heraus das Streben nach religiöser Erneuerung quillt.

Nach einiger Zeit kamen dann die betreffenden Persönlichkeiten wieder zu mir Sie hatten das als berechtigt durchaus hingenommen, was ich ihnen gesagt habe, und sie bemerkten mir dann, dass sich zu ihnen gesellt hatte bereits eine größere Anzahl jüngerer Theologen, die in der gleichen Lage wären, aus der Unbefriedigtheit des gegenwärtigen theologisch-religiösen Universitätsstrebens heraus in das Pfarramt, das heißt in die praktische Seelsorge überzutreten, und dass Aussicht vorhanden sei, dass der Kreis sich erweitere. Ich sagte: Es ist ganz selbstverständlich, dass es zunächst nicht allein darauf ankommt, dass gewissermaßen eine Anzahl von Predigern und Seelsorgern da sei, und dass nicht nur diejenigen in die religiöse Erneuerung hineingezogen werden sollten, welche zu lehren und die Seelsorge auszuüben haben, sondern vor allen Dingen diejenigen, die mit dem Charakter des reinen hingebungsvollen Bekenners heute zahlreich vorhanden seien; dass man sich bewusst sein müsse, dass zahlreiche Menschen heute in der Welt leben, die - mehr oder weniger dumpf - in ihrem Gemüte einen starken religiösen Trieb haben, und zwar einen spezifisch christlich-religiösen Trieb, dass aber dieser christlich religiöse Trieb durch dasjenige, was heute nach der Entwickelung, die eben das Theologisch-Religiose genommen hat, nicht befriedigt werden kann.

(166:) Ich deutete darauf hin, *wie es also Bevölkerungskreise gibt, die nicht innerhalb der anthroposophischen Bewegung stehen, die auch zunächst keinen Weg finden aus der Verfassung ihrer Seele, aus der Verfassung ihres Herzens heraus zur anthroposophischen Bewegung hin.* Ich bemerkte weiter auch, dass für die anthroposophische Bewegung es zunächst darauf ankomme, klar und deutlich das zu durchschauen, dass wir in einem Zeitalter leben, in dem einfach durch die Entwickelung der Welt eine Summe von geistigen Wahrheiten, Wahrheiten über einen wirklichen geistigen Weltinhalt, von den Menschen, wenn sie

Geistesforscher werden, gefunden werden könne - wenn sie Geistesforscher werden wollen; dass jedoch, wenn sie nicht Geistesforscher werden wollen, aber nach der Wahrheit streben, wie sie heute dem Menschen sich erschliessen muss, wenn er sich seiner menschlichen Würde bewusst ist, von solchen Menschen diese von Geistesforschern gefundenen Wahrheiten verstanden werden können mit dem gewöhnlichen gesunden, aber eben wirklich gesunden Menschenverstand.

Ich bemerkte, dass die anthroposophische Bewegung darauf beruht, dass derjenige, der den Weg findet zur anthroposophischen Bewegung, zunächst weiß, dass es in der Hauptsache darauf ankommt, dass die heute der Menschheit zugänglichen geistigen Wahrheiten die Herzen und die Seelen ergreifen als Erkenntnisse. Alles dasjenige, worauf es im Wesentlichen ankommt, ist, dass diese Erkenntnisse zunächst in das menschliche Geistesleben eintreten. Es kommt selbstverständlich nicht darauf an, wie derjenige, der innerhalb der anthroposophischen Bewegung steht, etwa in diesem oder jenem Wissenschaftlichen bewandert ist. In der anthroposophischen Bewegung kann man stehen, ohne dass man irgendwie einen wissenschaftlichen Drang oder eine wissenschaftliche Anlage hat, denn, wie gesagt, für den Menschenverstand, der gesund ist, sind die anthroposophischen Wahrheiten, wenn er sich nur durch kein Vorurteil trüben lässt, durchaus verständlich. Und ich bemerkte: wenn eine genügend große Anzahl von Menschen heute schon aus ihrer Herzens- und Seelenanlage heraus den Weg zur anthroposophischen Bewegung fände, dann würde sich alles dasjenige, was für die religiösen Ziele und religiösen [167:] Ideale notwendig ist, mit der anthroposophischen Erkenntnis allmählich auch aus der anthroposophischen Bewegung heraus ergeben.

Aber es gibt sehr zahlreiche Menschen, welche den angedeuteten Drang und Trieb nach einer religiösen Erneuerung haben, namentlich nach einer christlich-religiösen Erneuerung, und die einfach dadurch, dass sie in gewissen Kulturzusammenhängen drinnenstehen, den Weg in die anthroposophische Bewegung nicht finden können. Für diese Menschen ist das heute Notwendige dies, dass auf eine für sie geeignete Weise der Weg in das der heutigen Menschheit gemäße Geistesleben hinein gefunden werde.

Ich bemerkte, dass es dabei ankommt auf Gemeindebilden, dass dasjenige, was erreicht werden soll, von dem Anthroposophischen zunächst allerdings innerhalb der einzelnen Individualität erreicht werden kann, dass aber aus dieser Erkenntnis heraus, die sich auf individuelle Weise ergibt, ganz durch innere Notwendigkeit jenes soziale Wirken, ethisch-religiös soziale Wirken, folgen müsse, welches die Zukunft der Menschheit braucht.

Es kommt also darauf an, *denjenigen Menschen etwas zu geben, die zunächst - man muss da die historisch gegebene Notwendigkeit ins Auge fassen - nicht in der Lage sind, unmittelbar den Gang zur anthroposophischen Bewegung anzutreten.* Für sie muss durch Gemeindebilden in herzlichem, seelischem und geistigem Zusammenwirken der Geistesweg gesucht werden, welcher heute der menschlichen Entwickelung angemessene ist. So dass dasjenige, was ich damals aus den Notwendigkeiten unserer Menschheitsentwickelung heraus diesen suchenden Persönlichkeiten zu sagen hatte, sich etwa zusammenfassen lässt mit den Worten: Es ist notwendig für die heutige Menschheitsentwickelung, dass die anthroposophische Bewegung immer mehr und mehr wachse, wachse aus ihren Bedingungen heraus, nicht gestört werde in diesem Wachsen aus ihren Bedingungen heraus, die namentlich darinnen bestehen, dass jene geistigen Wahrheiten, die einfach aus der geistigen Welt zu uns wollen, zunächst unmittelbar in die Herzen eindringen, so dass die Menschen durch diese geistigen Wahrheiten erstarken. Dann werden sie den Weg finden, der auf der einen Seite ein künstlerischer, auf der andern Seite ein religiös-ethisch-sozialer (168:) sein wird. Diesen Weg geht die anthroposophische Bewegung, seit sie besteht. *Für diese anthroposophische Bewegung ist, wenn nur dieser Weg richtig verstanden wird, kein anderer notwendig.*

Die Notwendigkeit eines andern Weges ergibt sich für diejenigen Menschen, welche diesen Weg unmittelbar nicht gehen können, welche durch Gemeindebilden, im Zusammenarbeiten innerhalb der Gemeinde, einen andern Weg gehen müssen, der, ich möchte sagen, mit dem anthroposophischen erst später zusammenführt. So dass dadurch die Perspektive eröffnet war für zwei nebeneinander hergehende Bewegungen: Die anthroposophische Bewegung, die dann ihre wirklichen Ziele erreicht, wenn sie dasjenige, was ursprünglich in ihr lag, wirklich auch sinn- und kraftgemäß verfolgt und sich in dieser Verfolgung nicht beirren lässt durch irgendwelche spezielle Arbeitsgebiete, die sich in ihrem Lauf eröffnen müssen. Auch das wissenschaftliche Arbeitsgebiet darf zum Beispiel nicht beeinträchtigen den Impuls der allgemeinen anthroposophischen Bewegung. Wir müssen uns klar sein darüber, dass der anthroposophische Impuls es ist, der die anthroposophische Bewegung ausmacht, und dass, wenn in der neuesten Zeit diese und jene wissenschaftlichen Arbeitsgebiete innerhalb der anthroposophischen Bewegung geschaffen worden sind, durchaus die Notwendigkeit besteht, dass dadurch die Kraft und Energie des allgemein-anthroposophischen Impulses nicht abgeschwächt werde, dass namentlich nicht in einzelne Wissenschaftsgebiete hinein, in die Denk- und Vorstellungsform einzelner Wissenschaftsgebiete hinein der anthroposophische Impuls so gezogen werde, dass von dem heutigen Wissenschaftsbetrieb, der gerade belebt werden sollte durch den anthroposophischen Impuls, wiederum so viel abfärbt, dass die Anthroposophie etwa chemisch wird, wie die Chemie heute ist, physikalisch wird, wie die Physik heute ist, biologisch wird, wie die Biologie heute ist. Das darf durchaus nicht sein. Das würde an den Lebensnerv der anthroposophischen Bewegung gehen. Es handelt sich darum, dass die anthroposophische Bewegung ihre spirituelle Reinheit, aber auch ihre spirituelle Energie bewahre. Dazu muss sie das Wesen der anthroposophischen Spiritualität verkörpern, muss in ihm leben und weben, muss alles dasjenige tun, was aus den geistigen Offenbarungen der Gegenwart [169:] heraus auch zum Beispiel in das wissenschaftliche Leben eindringen soll.

Nebenher, so meinte ich dazumal, könne eine solche Bewegung für religiöse Erneuerung gehen, die ganz selbstverständlich für diejenigen, die in die Anthroposophie hinein den Weg finden, keine Bedeutung hat, sondern für diejenigen, die ihn zunächst nicht finden können. Und da diese zahlreich vorhanden sind, ist natürlich eine solche

Bewegung nicht nur berechtigt, sondern auch notwendig.

Darauf rechnend also, dass die anthroposophische Bewegung das bleibe, was sie war und was sie sein soll, *gab ich, unabhängig von aller anthroposophischen Bewegung*, einer Anzahl von Persönlichkeiten, die von sich heraus, nicht von mir aus, für die Bewegung für religiöse Erneuerung wirken wollten, dasjenige, was ich in der Lage war zu geben in Bezug auf den Inhalt desjenigen, was eine künftige Theologie braucht: den Inhalt auch des Kultusmäßigen, das eine solche neue Gemeinschaftsbildung braucht.

Was da gegeben worden ist, ist von mir durchaus so gegeben worden, dass ich als Mensch andern Menschen dasjenige gegeben habe, was ich ihnen aus den Bedingungen der geistigen Erkenntnis der Gegenwart geben konnte. *Das, was ich diesen Persönlichkeiten gegeben habe, hat nichts zu tun mit der anthroposophischen Bewegung. Ich habe es ihnen als Privatmann gegeben, und habe es so gegeben, dass mit notwendiger Dezidiertheit betont habe, dass die anthroposophische Bewegung mit dieser Bewegung für religiöse Erneuerung nichts zu tun haben darf;* dass aber vor allen Dingen nicht ich der Gründer bin dieser Bewegung für religiöse Erneuerung; dass ich darauf rechne, dass der Welt das durchaus klargemacht werde, und ich einzelnen Persönlichkeiten, die von sich aus begründen wollten diese Bewegung für religiöse Erneuerung, die notwendigen Ratschlüsse gegeben habe, Ratschlüsse, die allerdings geeignet waren, einen gültigen und spirituell kräftigen, spirituell von Wesenheit erfüllten Kultus auszuüben, in rechtmäßiger Weise mit den Kräften aus geistigen

Welt heraus zu zelebrieren. Ich selber habe bei der Erteilung dieser Ratschläge niemals irgendeine Kultushandlung ausgeführt, sondern nur denjenigen, die in diese Kultushandlung hinein *(170:)* wachsen wollten, gezeigt, Schritt für Schritt, wie eine solche Kultushandlung zu geschehen hat. Das war notwendig. Und heute ist es auch notwendig, dass innerhalb der Anthroposophischen Gesellschaft dies richtig verstanden wird.

Die Bewegung ist also begründet worden, unabhängig von mir, unabhängig von der Anthroposophischen Gesellschaft, lediglich auf meine Ratschläge hin. Und derjenige, der den Ausgangspunkt gebildet hat, der sozusagen die erste Urkultushandlung begangen hat innerhalb dieser Bewegung, hat sie zwar nach meiner Anleitung begangen, nicht aber bin ich irgendwie an der Gründung dieser Bewegung beteiligt. Sie ist eine Bewegung, die aus sich selbst heraus entstanden ist, und *die Ratschläge von mir bekommen hat aus dem Grunde, weil, wenn jemand berechtigten Rat auf irgendeinem Gebiete fordert, es Menschenpflicht ist, wenn man den Rat erteilen kann, ihn auch wirklich zu erteilen.*

So muss im strengsten Sinne des Wortes das verstanden werden, dass sich neben der anthroposophischen Bewegung eine andere Bewegung aus sich selbst heraus, nicht aus der anthroposophischen Bewegung heraus begründet hat, *begründet hat aus dem Grunde, weil außerhalb der Anthroposophischen Gesellschaft zahlreiche Menschen sind, die den Weg in die anthroposophische Bewegung hinein selbst nicht finden, die später mit ihr Zusammenkommen können.*

Daher muss streng unterschieden werden zwischen dem, was anthroposophische Bewegung ist, dem, was Anthroposophische Gesellschaft auch ist, und demjenigen, was die Bewegung für religiöse Erneuerung ist. Und es ist *wichtig, dass man nicht die Anthroposophie für die Begründerin dieser Bewegung für religiöse Erneuerung hält.*

Das hat nichts zu tun damit, dass in aller Liebe und auch mit aller Hingabe an diejenigen geistigen Mächte, welche eine solche religiöse Bewegung heute in die Welt hereinsetzen können, die Ratschläge erteilt worden sind, welche diese religiöse Bewegung zu einer wirklichen geistigen Gemeinschaftsbildung in heute der Menschenentwickelung gemäßem Sinne machen. So dass diese Bewegung dann in richtiger Weise entstanden ist, wenn sie betrachtet das, was innerhalb der (171:) anthroposophischen Bewegung ist, als dasjenige, was ihr vorlaufend ist, was ihr den sicheren Boden gibt, wenn sie sich anlehnt ihrerseits an die anthroposophische Bewegung, wenn sie Hilfe und Rat sucht bei denjenigen, welche innerhalb der anthroposophischen Bewegung stehen und so weiter. Gerade mit Rücksicht darauf, dass die Gegnerschaft der anthroposophischen Bewegung heute so geartet ist, dass ihr jeder Angriffspunkt recht ist, müssen solche Dinge völlig klar sein. Und ich muss schon sagen, dass eigentlich jeder, der es ehrlich meint mit der anthroposophischen Bewegung, überall so etwas zurückweisen müsste, wenn etwa gesagt würde: In Dornach ist im Goetheanum und durch das Goetheanum die Bewegung für religiöse Erneuerung begründet worden -, wenn geradezu die anthroposophische Bewegung als die Begründerin hingestellt würde. Denn das ist nicht der Fall. Es ist so, wie ich es eben jetzt dargestellt habe.

Und so habe ich mir vorstellen müssen gerade aus der Art und Weise, wie ich selber dieser Bewegung für religiöse Erneuerung auf die Beine geholfen habe, dass diese Bewegung bei der anthroposophischen Bewegung ihre Anlehnung sucht, dass sie die anthroposophische Bewegung als ihre Vorläuferin ansieht, *dass sie Bekenner sucht außerhalb der Anthroposophischen Gesellschaft*, und dass sie es als einen schweren Fehler ansehen würde, wenn sie etwa mit derjenigen Bestrebung, die gerade notwendig ist außerhalb der Anthroposophischen Gesellschaft, in die Anthroposophische Gesellschaft hineingreifen würde. Denn die Anthroposophische Gesellschaft wird von denjenigen *nicht verstanden, der sich nicht so auffasst, dass er ein Rater und Helfer sein kann dieser religiösen Bewegung, dass er aber nicht unmittelbar in ihr untertauchen kann. Wenn er dieses tut, so arbeitet er an zweierlei: erstens arbeitet er an der Zertrümmerung und Zerschmetterung der Anthroposophischen Gesellschaft, zweitens arbeitet er an der Fruchtlosigkeit der Bewegung für religiöse Erneuerung.* Denn innerhalb der Menschheit müssen doch alle diejenigen Bewegungen, welche in berechtigter Weise entstehen, wie in einem organischen Ganzen zusammenwirken. Das muss aber in der richtigen Weise geschehen.

Es ist für den menschlichen Organismus schlechterdings unmöglich, [172:] dass das Blutsystem Nervensystem werde und das Nervensystem Blutsystem werde. Die einzelnen Systeme müssen in reinlicher Trennung voneinander im menschlichen Organismus wirken Dann werden sie gerade in der richtigen Weise zusammenwirken. Daher ist es notwendig, dass ohne Rückhalt die Anthroposophische Gesellschaft mit ihrem Inhalte Anthroposophie bleibe, ungeschwächt durch die neuere Bewegung; dass derjenige, der versteht, was anthroposophische Bewegung ist, alles das - nun nicht in irgendeinem überheberischen, hochmütigen, sondern in einem mit den Aufgaben unserer Zeit wirklich rechnenden Sinne -, worauf es ankommt, in die Worte zusammenfasst: *Diejenigen, die den Weg einmal in die Anthroposophische Gesellschaft gefunden haben, brauchen keine religiöse Erneuerung. Denn was wäre die Anthroposophische Gesellschaft, wenn sie erst religiöse Erneuerung brauchte!*

Aber religiöse Erneuerung wird in der Welt gebraucht, und weil sie gebraucht wird, weil sie eine tiefe Notwendigkeit ist, wurde die Hand zu ihrer Begründung geboten. Richtig werden also die Dinge verlaufen, wenn die Anthroposophische Gesellschaft bleibt, wie sie ist, wenn diejenigen, die sie verstehen wollen, wirklich auch ihr Wesen ergreifen und *nicht glauben, dass sie es nötig haben, einer andern Bewegung anzugehören*, die ja ihren Inhalt hat, trotzdem es in realem Sinne richtig ist, dass nicht die Anthroposophie begründet hat diese religiöse Erneuerungsbewegung; aber die religiöse Erneuerungsbewegung; die sich selbst begründet hat, hat ihren Inhalt von der Anthroposophie her genommen

Wer also diese Dinge nicht sinngemäß auseinander hält, arbeitet, indem er für den eigentlichen Impuls der anthroposophischen Bewegung lässiger wird, daran, Boden und Rückgrat auch für die religiöse Erneuerungsbewegung wegzuschaffen und die anthroposophische Bewegung zu zertrümmern. Derjenige, der, auf dem Boden der religiösen Erneuerungsbewegung stehend, etwa meint, dass er diese auf die anthroposophische Bewegung ausdehnen müsse, *entzieht sich selber den Boden.* Denn dasjenige, was Kultusmäßiges ist, muss zuletzt sich auflösen, wenn das Rückgrat der Erkenntnis aufgehoben wird.

(173:) Gerade zum Gedeihen der beiden Bewegungen ist es notwendig, *dass sie reinlich auseinander gehalten werden.* Daher ist es für den Anfang durchaus notwendig - weil diese Dinge in unserer Zeit, wo alles darauf ankommt, dass wir Kraft entwickeln für dasjenige, was wir wollen -, es ist in der ersten Zeit durchaus notwendig, *dass strenge darauf gesehen wird, dass die Bewegung für religiöse Erneuerung nach allen Richtungen in Kreisen wirkt, die außerhalb der anthroposophischen Bewegung liegen.* Dass sie also weder in Bezug auf die Beschaffung ihrer materiellen Mittel - ich muss schon, damit die Dinge verstanden werden, auch über diese Dinge reden - hineingreift in dasjenige, was die heute ohnedies sehr schwierig laufenden Quellen für die anthroposophische Bewegung sind, ihr also gewissermaßen nicht den materiellen Boden abgräbt, *noch dass sie aber auf der andern Seite, weil es ihr nicht gleich gelingt, unter Nichtanthroposophen Bekenner zu finden, nun ihre Proselyten innerhalb der Reihe der Anthroposophen macht. Dadurch wird ein Unmögliches getan, dasjenige getan, was zum Untergang der beiden Bewegungen führen müsste.*

Es kommt heute wirklich nicht darauf an, dass wir mit einem gewissen Fanatismus vorgehen, sondern dass wir uns bewusst sind, dass wir das Menschennotwendige nur tun, wenn wir aus der Notwendigkeit der Sache heraus wirken. *Dasjenige, was ich jetzt als Konsequenzen sage, war zu gleicher Zeit die Voraussetzung für das Handbieten zur Gründung der Bewegung für religiöse*

Erneuerung, denn nur unter diesen Bedingungen konnte man die Hand dazu bieten. Wenn diese Voraussetzung nicht gewesen wäre, so wäre durch meine Ratschläge die Bewegung für religiöse Erneuerung niemals entstanden. Daher bitte ich Sie, eben zu verstehen, dass es notwendig ist, dass die Bewegung für religiöse Erneuerung wisse: dass sie bei ihrem Ausgangspunkte stehen bleiben müsse, dass sie versprochen hat, ihre Anhängerschaft außerhalb der Kreise der anthroposophischen Bewegung zu suchen, weil sie dort auf naturgemäße Weise zu finden ist und weil dort gesucht werden muss.

Dasjenige, was ich zu Ihnen gesprochen habe, habe ich nicht aus dem Grunde gesprochen, weil ich etwa besorgt bin, dass der anthroposophischen Bewegung irgendetwas abgegraben werden könnte, (174:) ich habe es gewiss nicht gesprochen aus irgendwelchen persönlichen Intentionen heraus, sondern aus der Notwendigkeit der Sache heraus. Mit dieser Notwendigkeit ist auch verbunden, dass verstanden werde, wie allein es möglich ist, in richtiger Weise auf dem einen und auf dem andern Gebiete zu wirken. Es ist schon notwendig, dass für wichtige Dinge klar ausgesprochen wird, um was es sich handelt, denn es besteht gar zu viel Tendenz heute, die Dinge zu verwischen, sie nicht klar zu nehmen. Aber Klarheit ist heute auf allen Gebieten notwendig.

Wenn daher etwa jemand sagen würde: Nun hat der selbst diese Bewegung für religiöse Erneuerung in die Welt gesetzt und spricht jetzt so - ja, meine sehr verehrten Anwesenden und lieben Freunde, es handelt sich darum, dass, wenn ich jemals anders hätte gesprochen über diese Dinge,

*so hätte ich nicht die Hand geboten zur Begrün-
dung dieser Bewegung für religiöse Erneuerung.
Sie muss bei ihrem Ausgangspunkt stehen bleiben.*
Was ich ausspreche, ist selbstverständlich nur ausgesprochen, damit innerhalb der Anthroposophischen Gesellschaft die Dinge richtig verstanden
werden, damit nicht etwa, wie es vorgekommen
sein soll, gesagt werde: Nun ging es mit der anthroposophischen Bewegung nicht, jetzt wurde die
Bewegung für religiöse Erneuerung als das Richtige
begründet. - Ich bin zwar überzeugt, dass die ausgezeichneten, hervorragenden Persönlichkeiten,
welche die Bewegung für religiöse Erneuerung
begründet haben, jeder solchen Legende mit aller
Kraft entgegentreten werden, und dass diese hervorragenden, ausgezeichneten Persönlichkeiten
es mit aller Kraft ablehnen werden, innerhalb der
anthroposophischen Bewegung ihre Proselyten zu
machen. Aber es muss das Richtige innerhalb der
anthroposophischen Bewegung verstanden werden.

Ich weiß, wie es immer wiederum Einzelne
gibt, die solche Auseinandersetzungen, die von
Zeit zu Zeit notwendig werden - nicht zur Klage
nach der einen oder andern Richtung hin, auch
nicht zur Kritik, sondern lediglich zur Darstellung
desjenigen, was nun einmal in aller Klarheit erfasst
werden sollte -, ich weiß, dass es immer Einzelne
gibt, denen das unangenehm ist, wenn man an
Stelle der nebulosen Unklarheit die Klarheit setzen
will. Aber zum Gedeihen, zur Gesundheit sowohl
der anthroposophischen Bewegung wie der [175:]
Bewegung für religiöse Erneuerung ist das durchaus notwendig. *Es kann nicht die Bewegung für
religiöse Erneuerung gedeihen, wenn sie irgendwie
die anthroposophische Bewegung beeinträch-*

tigen wird.

Das aber müssen insbesondere Anthropo-sophen ganz gründlich verstehen, damit sie überall da, wo es sich darum handelt, für die Richtigkeit der Sache einzutreten, auch wirklich für diese Rich-tigkeit der Sache eintreten können. *Wenn es sich daher um die Stellung eines Anthroposophen zur religiösen Erneuerung handelt, so kann es nur diese sein, dass er Rater ist, dass er dasjenige gibt, was er geben kann an geistigem Gut, dass er, wenn es sich darum handelt, an den Kultushandlungen sich zu beteiligen, sich immer bewusst bleibt, dass er das tut, um diesen Kultushandlungen auf den Weg zu helfen. Ein geistiger Helfer allein für diese religi-öse Erneuerungsbewegung kann derjenige sein, der sich als Anthroposoph versteht.*

Aber nach jeder Richtung hin muss diese Be-wegung für religiöse Erneuerung von Menschen getragen werden, die noch nicht den Weg in die Anthroposophische Gesellschaft hinein selber finden können durch die besondere Konfiguration und durch die Anlage ihres Geisteslebens.

Also ich hoffe, dass jetzt nicht irgendjemand geht zu irgendjemandem, der aktiv tätig ist in der religiösen Erneuerungsbewegung, und sagt: In Dornach ist gegen sie dies oder jenes gesagt worden. - Es ist nichts gegen sie gesagt worden; sie ist in Liebe und in Hingebung an die geistige Welt und in berechtigter Weise aus der geistigen Welt heraus mit Ratschlägen so versorgt worden, dass sie sich selbst begründen konnte. Aber von Anth-roposophen muss gewusst werden, dass sie sich selbst aus sich heraus begründet hat, dass sie zwar nicht den Inhalt ihres Kultus, aber die Tatsache ihres Kultus aus eigener Kraft heraus, aus eigener Initiative heraus formiert hat; dass das Wesen der anthroposophischen Bewegung nichts zu tun hat mit der Bewegung für religiöse Erneuerung. Es gibt ganz gewiss keinen Wunsch der so groß sein kann, wie der von mir, dass die Bewegung für religiöse Erneuerung unermesslich gedeihe, aber unter Einhaltung der ursprünglichen Bedingungen. Es dürfen nicht etwa die anthroposophischen Zweige in Gemeinden für religiöse Erneuerung umgestaltet werden, weder in materieller noch in geistiger Beziehung.

(176:) Das musste ich heute aus dem Grunde sagen, weil ja da Ratschläge für einen Kultus gegeben werden sollten, dessen Gedeihen in der Gegenwart sehr, sehr von mir gewünscht wird. Damit nicht Missverständnisse entstehen, indem man hinblickt auf diesen so gegebenen Kultus, wenn ich nun überhaupt über die Bedingungen des Kultuslebens in der spirituellen Welt morgen sprechen werde, musste ich dieses heute als Episode einfügen. Es ist eine episodische Betrachtung zum besseren Verständnis desjenigen, was ich morgen in Fortsetzung der gestern gegebenen Auseinandersetzungen zu sagen haben werde.

ANHANG

mit weiteren Aussagen
Rudolf Steiners und anderer

... da war es mir klar, dass das bedeute, dass ich das Schicksal der anthroposophischen Bewegung noch über die Christengemeinschaft zu stellen habe, die mir anvertraut ist. ... Aber der Ruf in die Anthroposophische Gesellschaft bedeutet dieses, dass, wenn man etwa zu wählen hat: soll in der heutigen Kultur zu Grunde gehen die Anthroposophische Gesellschaft oder soll zu Grunde gehen die Christengemeinschaft, da muss man sagen: nicht die Anthroposophische Gesellschaft, dann eher die Christengemeinschaft. Ich spreche das offen aus. ... ich sage es, weil ich einsehe, dass für die Kultur der Menschheit zunächst entscheidend ist die Anthroposophische Gesellschaft.

Friedrich Rittelmeyer zitiert in: Eugen Kolisko, «Ein Lebensbild», S. 211

Denn diese Bewegung für christliche Erneuerung ist *nicht* aus der Anthroposophie herausgewachsen. Sie hat ihren Ursprung bei Persönlichkeiten genommen, die vom Erleben im Christentum heraus, nicht vom Erleben in der Anthroposophie heraus einen neuen religiösen Weg suchten. ... Aber sie suchten nicht den anthroposophischen Weg, sie suchten einen spezifisch religiösen.

Rudolf Steiner, 5.10.1924, «Nachrichtenblatt für die Mitglieden», GA 260a, S.397

Die Fälle sind nicht wenige, wo man solche Dinge

(einen Kultus) einführen wollte. Ich habe es immer abgelehnt aus dem Grund, weil natürlich dadurch die anthroposophische Bewegung von Anfang an totgemacht worden wäre. Man musste eben bei dem bleiben, was einem halbwegs gestattet war. Vor 20 Jahren war es noch mehr, heute ist es weniger der Fall, dass die katholische Kirche das Rituelle als ihr Monopol betrachtet hat. Wir würden gleich totgemacht worden sein, und deshalb war auch wenig Veranlassung, das Ritual nach dieser Richtung auszubilden. ... Das sind die Dinge, warum die rituelle Seite innerhalb der anthroposophischen Bewegung nicht ausgebildet worden ist.

Rudolf Steiner, 14.6.1921, GA 342, S.136

Deshalb dürfen wir dasjenige, was er als Anthroposophie offenbart, als eine wirkliche Christus-Offenbarung aufnehmen.
Oft, meine lieben Freunde, werde ich gefragt von unseren Mitgliedern: Wie setze ich mich in Verbindung mit dem Christus?
Es ist eine naive Frage! Denn alles, was wir anstreben können, jede Zeile, die wir lesen aus unserer anthroposophischen Wissenschaft, ist ein Sich-in-Beziehung-Setzen zu dem Christus. Wir tun gewissermaßen gar nichts anderes.

Rudolf Steiner, «Weltwesen und Ichheit», GA 169/2, S.44

So beginnt Anthroposophie überall mit Wissenschaft, belebt ihre Vorstellungen künstlerisch und endet mit religiöser Vertiefung; beginnt mit dem, was der Kopf erfassen kann, geht heran an dasjenige, was im weitesten Umfange das Wort gestalten kann und endet mit dem, was das Herz mit

Wärme durchtränkt und das Herz in die Sicherheit führt, auf dass des Menschen Seele sich finden kann zu allen Zeiten in seiner eigentlichen Heimat, im Geistesreich. So sollen wir auf dem Wege der Anthroposophie ausgehen lernen von der Erkenntnis, uns erheben zur Kunst und endigen in religiöser Innigkeit.

Rudolf Steiner, GA 257/2

Wir können aber die höheren Welten nicht erkennen, ohne den Blick hinaufzurichten. Sobald wir aber den Blick hinaufrichten, erwachen die Impulse unseres Fühlens, und wir werden gegenüber demjenigen, was wir erkennen, andächtig beten. ... So wird unser Fühlen andächtig, unser Wollen gottinnig gemacht. ... Das ist ein Prüfstein ... Geisteswissenschaft hat ihren Probierstein darin, dass sie ausklingt in andächtige Verehrung dessen, was erkannt wird ... Das ist es ja auch, was sich ergibt aus der Geisteswissenschaft wie ein letztes Resultat, wie eine Rechtfertigung, dass sie ausklingt wie ein selbstverständliches Gebet.

Rudolf Steiner, GA 119/11, S.271

... wenn wir verstehen, schon die Türe, schon die Pforte zu dem Raum - und mag er sonst ein noch so profaner sein, er wird geheiligt, durch gemeinsame anthroposophische Lektüre - als etwas zu empfinden, was wir mit Ehrerbietung übertreten. Und die Empfindung müssen wir hervorrufen können, dass das in jedem Einzelnen der Fall ist, der sich mit uns vereinigt zu gemeinsamem Aufnehmen anthroposophischen Lebens. Und das müssen wir nicht nur zu innerster abstrakter Überzeugung bringen können, sondern zu innerem Erleben, so dass in einem Raume, wo wir Anthroposophie treiben, wir nicht nur dasitzen als so und so viele Menschen, die aufnehmen das Gehörte, oder aufnehmen das Gelesene und es in ihre Gedanken verwandeln, sondern dass durch den ganzen Prozess des Aufnehmens anthroposophischer Ideen ein wirkliches real-geistiges Wesen anwesend wird in dem Raume, in dem wir Anthroposophie treiben. Wie in den in der sinnlichen Welt sich abspielenden Kultformen die göttlichen Kräfte auf sinnliche Art anwesend sind, müssen wir lernen mit unseren Seelen, mit unseren Herzen durch unsere innere Seelenverfassung übersinnlich anwesend sein zu lassen eine wirkliche Geistwesenheit in dem Raume, unser Empfinden, unser Denken, unsere Willensimpulse müssen wir einrichten können im spirituellen Sinne, das heißt nicht in irgendeinem abstrakten Sinne, sondern in dem Sinne, dass wir uns so fühlen, als schaute herunter auf uns und hörte uns an ein Wesen, das über uns schwebt, das realgeistig da ist. Geistige Gegenwart, übersinnliche Gegenwart müssen wir empfinden, die dadurch da ist, dass wir Anthroposophie treiben. Dann fängt die Einzelne anthroposophische Wirksamkeit an, ein Realisieren des Übersinnlichen selbst zu werden.

Rudolf Steiner, «Anthroposophische Gemeinschaftsbildung»,
27.2.1923, GA 257

Wenn wir dies erfassen, dann wird Geisteswissenschaft unmittelbar zur Andacht, wie zu einem gewaltigen Gebet; denn was ist ein Gebet anderes als dasjenige, was unsere Seele mit dem Göttlich-Geistigen, das die Welt durchwebt, verbindet. Dieses Gebet ist das, was ein Gebet heute sein kann. Wir müssen es uns erobern, indem wir die

Sinneswelt durchleben. Indem wir dieses bewusst anstreben, wird ganz selbstständig das, was wir wissen können, zu einem Gebet. Da wird spirituelle Erkenntnis unmittelbar Gefühl und Erlebnis und Empfindung. Und das soll sie werden. Dann mag sie noch so sehr mit Begriffen und Ideen arbeiten: Ideen und Begriffe werden zuletzt gebetsartige reine Empfindungen, reines Fühlen. Das aber ist es, was unsere Zeit braucht.

Rudolf Steiner, 15.12.1912, GA 140

Und so wird für alle diejenigen, welche das äussere Symbolum brauchen, um einen geistigen Actus zu vollziehen, nämlich die Vereinigung mit dem Christus, das Abendmahl der Weg sein, der Weg bis dahin, wo ihre innere Kraft so stark ist, wo sie so erfüllt sind von dem Christus, dass sie ohne äussere physische Vermittlung sich mit dem Christus vereinigen können. Die Vorschule für die mystische Vereinigung mit dem Christus ist das Abendmahl - die Vorschule. So müssen wir diese Dinge verstehen.

Und ebenso wie alles sich entwickelt vom Physischen zum Geistigen hinauf unter dem christlichen Einfluss, so müssen sich zuerst unter dem Christus-Einfluss heranentwickeln die Dinge, die zuerst da waren als eine Brücke: vom Physischen zum Geistigen muss sich das Abendmahl entwickeln, um hinzuführen zur wirklichen Vereinigung mit dem Christus.

Rudolf Steiner, 7.7.1909, Kassel

Die Erkenntnis ist die geistige Kommunion der Menschheit.
Ich weiß nicht, wie viele die ganze kulturhistorische

Bedeutung dieses Wortes ... verstanden haben. Denn in diesem Satze war gegeben die Hinlenkung der materialistischen Auffassung der Gottgemeinschaft zu einer spirituellen Auffassung der Gottgemeinschaft: die Umwandlung des Brotes in die Seelensubstanz des Erkennens.

Rudolf Steiner, GA 198/16

Die Objekte des Denkens sind aber die Ideen. Indem sich das Denken der Idee bemächtigt, verschmilzt es mit dem Urgrunde des Weltendaseins; das, was außen wirkt, tritt in den Geist des Menschen ein: er wird mit der objektiven Wirklichkeit auf ihrer höchsten Potenz eins. Das Gewahrwerden der Idee in der Wirklichkeit ist die wahre Kommunion des Menschen.

Rudolf Steiner, GA 1b, Vorrede

So ist spirituelle Erkenntnis eine wirkliche Kommunion, der Beginn eines der Menschheit der Gegenwart gemäßen kosmischen Kultus.

Rudolf Steiner, GA 219/12, S.191

(So können die in uns lebenden meditativen Gedanken) eben dasselbe sein, nur von innen heraus, wie es das Zeichen des Abendmahls - das geweihte Brot - von außen gewesen *(ist).*

Rudolf Steiner, 13.10.1911, GA 131, S.204

Friedrich Rittelmeyer: Ist es nicht auch möglich, Leib und Blut Christi zu empfangen ohne Brot und Wein, nur in der Meditation?
Rudolf Steiner: Das ist möglich. Vom Rücken der Zunge an ist es dasselbe.

GA 265, S.27

Der nur hat die wahre Meinung von dem Christentum, der durchdrungen ist von der Überzeugung, dass alle Kirchen, die den Christus-Gedanken gepflegt haben, alle äußeren Gedanken, alle äußeren Formen zeitlich und daher vorübergehend sind, dass aber der Christus-Gedanke sich in immer neuen Formen hereinleben wird in die Herzen und Seelen der Menschen in der Zukunft, so wenig diese neuen Formen sich auch heute zeigen.

Rudolf Steiner, «Von Jesus zu Christus», 13.10.1911

Voraussetzung zu all dem ist die Spiritualisierung des Denkens. Erst davon ausgehend wird man dazu kommen können, nach und nach alle Lebensbetätigungen zu sakramentalisieren. Dann werden sich aus der Erkenntnis der geistigen Wirklichkeiten heraus auch die alten Zeremonien ändern, weil es da wo man Wirklichkeiten hat, keiner Symbole mehr bedarf.

Hella Wiesberger, Einleitung zu GA 265, S.22,
siehe Rudolf Steiner, 13.10.1911 und 11.9.1923

Alle freie Religiosität, die sich in der Zukunft innerhalb der Menschheit entwickeln wird, wird darauf beruhen, dass in jedem Menschen das Ebenbild der Gottheit wirklich in unmittelbarer Lebenspraxis, nicht bloß in der Theorie, anerkannt werde. Dann wird es keinen Religionszwang geben können, dann wird es keinen Religionszwang zu geben brauchen, denn dann wird die Begegnung jedes Menschen mit jedem Menschen von vornherein eine religiöse Handlung, ein Sakrament sein, und niemand wird durch eine besondere Kirche, die äußere Einrichtungen auf dem physischen Plan

hat, nötig haben, das religiöse Leben aufrechtzuerhalten. Die Kirche kann, wenn sie sich richtig
versteht, nur die eine Absicht haben, sich unnötig
zu machen auf dem physischen Plane, indem das
ganze Leben zum Ausdruck des Übersinnlichen
gemacht wird.

Rudolf Steiner, «Was tut der Engel...», 9.10.1918

Anthroposophie als Wissenschaft vom Übersinnlichen und die Anthroposophische Gesellschaft als
deren Gemeinschaftsträger sollten nicht an ein
bestimmtes Religionsbekenntnis gebunden sein,
da die Anthroposophie ihrem Wesen nach inter-
religiös ist. Auch ihre zentralste Erkenntnis, die
Erkenntnis von der Bedeutung des Christus-Geistes
für die Menschheits- und Erdenentwicklung, beruht
nicht auf derjenigen der christlichen Konfessionen,
sondern auf der Einweihungswissenschaft, aus der
alle Religionen einmal hervorgegangen sind. In
diesem Sinne charakterisiert er *(Steiner)* es einmal als
einen "Grundnerv" der geisteswissenschaftlichen
Forschungsaufgaben,   den   allen   Religionen
gemeinsamen   übersinnlichen   Wahrheitsgehalt
herauszuarbeiten   und   dadurch   "gegenseitiges
Verständnis der Einzelnen aus den Initiationen her-
vorgehenden religiösen Strömungen über die Erde
zu bringen" *(Rudolf Steiner, 23.4.1912, GA 133, S.61ff.)*.

Hella Wiesberger, GA 265

Daraus ergibt sich als logische Folge, dass von der
Anthroposophie her gesehen praktische Religions-
ausübung innerhalb einer Konfession Privatsache
des Einzelnen sein muss. Das findet sich auch in
den Statuten der Gesellschaft von Anfang an aus-
gedrückt.

Hella Wiesberger, GA 265, S.14

So wie es zu den Pfeilern der Dreigliederung gehört, dass keinem Menschen das Recht zusteht, über die irdischen Bedürfnisse eines Anderen zu urteilen, so gilt das auch - und a fortioti! - für seelische und geistige Bedürfnisse. 'Solange Bedarf an Kultus da ist', so möchte ich Steiner abwandeln, 'ist dessen Befriedigung gerechtfertigt.

Dieter Brüll, «Bausteine für einen sozialen Sakramentalismus», S.99

Eine kultische Arbeit in der anthroposophischen Bewegung müsse aus demselben geistigen Strom hervorgehen wie die Schulhandlungen, gewissermaßen eine Fortsetzung dessen werden, was in Form und Inhalt in der "Opferfeier" der Schule gegeben wurde.

Rudolf Steiner zu Rene Maikowski, GA 265, S. 35

So vermittelte Rudolf Steiner - vor und nach der «Christengemeinschaft» - einen «freien christlichen» Impuls, einen Organismus von kirchenunabhängigen und allgemein(="laien")-priesterlichen Sakramenten, einen brüderlichen und «spezifisch anthroposophischen» Weg: Taufe (1921), Trauung (1922), Bestattung (1919) an Wilhelm Ruhtenberg bzw. Hugo Schuster, als damit einzeln und unabhängig wirkende Anthroposophen. Und in den Waldorfschulen (letztlich jedoch für jeden, der diese wünscht) richtete er das in seiner kultischen Entwicklung weitergeführte Zentralsakrament Opferfeier (1923), die Sonntags-Handlungen für die Kinder (1920) und das Sakrament der Jugendfeier (Konfirmation) (1921) ein. ... Diese «freien christlichen» Sakramente und Handlungen benötigen nicht mehr den "kirchlich Geweihten". Rudolf Steiner vertraute diese dem strebenden, mündigen Anthroposophen an.

Volker David Lambertz, «Freie Sakramente heute?»

Diese Handlung kann überall gehalten werden, wo Menschen sind, die sie wünschen!

Rudolf Steiner zu Maria Lehrs-Röschl, GA 265, S. 38-39

Diese beide Stellen von 1909 und 1911, zusammengeschaut, machen klar, wo die Opferfeier auf der Linie historischer Entwicklung einzureihen ist: nicht *vor*, sondern *nach* der Messe mit Brot und Wein. Sie ist also nicht - weil sie scheinbar keine Substanzwandlung (*) bringt - eine Vorstufe, eine Vorbereitung auf eine Messe mit Brot und Wein. ...

(*:) Es ist unrichtig zu meinen, in der Opferfeier gäbe es keine Substanzen. Sie sind da in Gestalt des Leibes und des Blutes des Menschen.

Maria Lehrs-Röschl, «Zur Opferfeier», GA 269, S.128

Was in der Entwicklung der Christenheit als Sehnsucht und Streben nach Laienpriestertum immer wieder erstand - allerdings auch immer wieder verfolgt und schließlich zum Verschwinden gebracht wurde -, das hat hier durch Rudolf Steiner eine neue Keimlegung erfahren.

Maria Lehrs-Röschl, GA 265, S.42

Y.: Es ist die Frage aufgetaucht nach dem Verhältnis zur religiösen Bewegung.
X.: Die Rituale werden aufgefasst als Besitz der Christengemeinschaft.

Rudolf Steiner: Es ist niemals für die Rituale, etwa ausgesprochen worden, dass sie der Priesterschaft gehören.

Dann ist die Frage diese: jetzt wird der Religionsunterricht ja nicht von der Schule erteilt, sondern von der Anthroposophischen Gesellschaft wird der freie Religionsunterricht erteilt. Daneben wird evangelischer und katholischer Unterricht erteilt. Nun könnte es sein, dass daneben der Unterricht dieser Christengemeinschaft von Einzelnen in Anspruch genommen wird. Das kann man nicht verhindern. ... Aber daneben würde fortbestehen die Einrichtung, die jetzt ist.

Nicht wahr, das Verhältnis der Anthroposophischen Gesellschaft zur Christengemeinde, das wird lediglich in der Realität, - im Prinzip war es klar,- in der Realität wird es im Augenblick klar sein, wenn von Seiten der Anthroposophischen Gesellschaft zur Klarheit getrieben wird. Die anderen haben Interesse daran, sie wollen jeden haben. Die haben keinen Grund, Klarheit zu schaffen. Aber innerhalb der Anthroposophischen Gesellschaft muss Klarheit geschaffen werden. Hier herrscht das Prinzip ... die Anthroposophische Gesellschaft ist da, da lässt sich bequem sein. Man setzt sich auf die berühmten Stühle, und ist dann bequem. Es hängt nur davon ab, wie man es macht. In der Realität kann die Sache nur klar werden, wenn man es klar hält.

Y.: Sie suchen zu systematisieren und für sämtliche Sakramente die Rituale zu sammeln.

Rudolf Steiner: Die Christengemeinschaft geht uns gar nichts an. Ich fühle mich nicht gebunden.

Wenn es dazu kommt, an die Jugendfeier etwas anzuschliessen, so gebe ich es. Es ist nicht die geringste Veranlassung, nachzudenken darüber, was da wird mit der Christengemeinde. Die haben ihre Ritualien. Und diese Ritualien habe ich theoretisch erwähnt, als mögliche Ritualien. Aber nicht wahr, warum zerbrechen Sie sich die Köpfe? Zerbrechen die sich doch ihre eigenen Köpfe. ...

Meine Tätigkeit schließt, mit Ausnahme einiger Nachträge; meine Tätigkeit war eine beratende, keine konstituierende, keine einsetzende. Meine Aufgabe ist dort erledigt gewesen am letzten Tag des Aufenthaltes der geweihten Priester in Dornach. ... Ich stehe in gar keiner Beziehung zur Christengemeinde. Das ist das Prinzipielle. Die Christengemeinde sollte sich aus sich selbst konstituieren, und hat mit der Anthroposophischen Gesellschaft gar nichts Reales zu tun. Also der Standpunkt, die Sache an sich, ist so klar wie nur irgendetwas klar sein kann. Die anderen werden es nicht verwirren. Sie können es so verwirren, dass sie einige Rechte der Anthroposophischen Gesellschaft sich beilegen.

Als Herr Y. diese Interpellation gestellt hat, habe ich gesagt, ich werde die Lehrer bestellen. Es handelt sich gar nicht darum, dass ich jemanden darum frage. Wenn die Christengemeinschaft gewünscht hat ihrerseits, sie erkennt diejenigen, die in der Waldorfschule Religionslehrer sind, als Helfer an, so ist das Sache der Christengemeinde. Wenn ein Lehrer sagt: Das ist mir höchst gleichgültig, so kann er das tun. Dagegen ist die Christengemeinde verpflichtet, auch einen anzuerkennen, der sagt: Das interessiert mich gar nicht. So steht die Sache tatsächlich.

Die Sache ist so klar, wie nur irgendetwas. Die Christengemeinde ist etwas, was mit der Anthroposophischen Gesellschaft nicht das Geringste zu tun hat. Und auch nicht etwas, was mit der Anthroposophischen Gesellschaft zusammenhängt. Die Christengemeinde ist etwas für sich Bestehendes.

Zur Anthroposophischen Gesellschaft steht die Christengemeinde in keinem anderen Verhältnis als der Katholizismus oder die Quäker.

Aus der Besprechung Rudolf Steiners mit den Lehrern des Freien christlichen Religionsunterrichtes an der Freien Waldorfschule in Stuttgart, 9.12.1922, «Zur religiösen Erziehung....», Päd. Forschungsstelle beim Bund der Freien Waldorfschulen, 1997, S.172

... *(fand)* die Weihnachtstagung zur Begründung der Allgemeinen Anthroposophischen Gesellschaft statt. Man kann verschiedene geistige Ereignisse in ihr finden.

Vom kultischen Gesichtspunkt aus ist sie eine Art "Weihe" der Anthroposophischen Gesellschaft durch die anthroposophische Bewegung, der Michaelsgemeinschaft auf Erden durch die Michaelsbewegung aus der geistigen Welt, die Grundsteinlegung aus der göttlichen Trinität zu einer neuen Würde der anthroposophisch strebenden Individualität. In ihr ist Hirtentum und Königtum miteinander verbunden. Es ist die 'Priesterweihe' des anthroposophisch strebenden Menschen.

Friedrich Benesch, «Das Religiöse der Anthroposophie ..», S.89

Bloss ist mein Christentum absolut nicht kirchlich gebunden. Ich bin ein richtiger Ketzer für Christus! Das Priestertum des Menschen ist das einzige, das mir einleuchtet, und darum bin ich so dankbar, dass ich Rudolf Steiner begegnete.

Maria Lehrs-Röschl, «Vom zweiten Menschen in uns»

Begegne ich ihm *(dem Anderen)* so, dass ich bereit bin, mein Bewusstsein (zeitweilig) für ihn zu opfern, dass seine Entfaltung mir also wichtiger ist als die meine, vollziehe ich -indem ich für ihn ersterbe- in gewissem Sinne eine Nachfolge Christi. Dann nah ich ihm in Seinem Namen. Dann werde ich im gleichen Augenblick von Christus selber zum Priester geweiht: Seine Gegenwart ist Weihe - in diesem Augenblick und für diesen Augenblick. ... Es ist ein inneres, ein mystisches Erlebnis dieses Menschen. ... Die soziale Priesterweihe ist ein Sakrament, das, im übertragenem Sinne, der Christus unter vier Augen vollzieht.

Dieter Brüll, «Bausteine für einen sozialen Sakramentalismus»

Der Christus hat einmal gesagt: 'Ich bin bei euch bis ans Ende der Erdentage'. Und er ist nicht bloß als ein Toter, er ist als ein Lebender unter uns, und er offenbart sich immer. Und nur diejenigen, die so kurzsichtig sind, dass sie sich vor dieser Offenbarung fürchten, sagen, man solle bei dem bleiben, was immer gegolten hat. Diejenigen aber, die nicht feige sind, wissen, dass der Christus sich immer offenbart.

Rudolf Steiner, «Weltwesen und Ichheit», GA 169/2, S.44.

(Hier) muss seelische Harmonie sich entwickeln, die durch die Sache selbst gefordert wird: wenn jeder Mensch für sich handelt, so entstehen Disharmonien. Wenn auf unserem Gebiet die einzelnen Menschen, die aus diesem oder jenem heraus wirken, nicht zusammengehen, sich nicht zusammenfinden, so entsteht gar nicht Anthroposophie innerhalb der Menschheit. Anthroposophie erfordert als Sache wirklich menschliche Brüderlichkeit bis in die tiefsten Tiefen der Seele hinein. Sonst kann man sagen: ein Gebot ist die Wirklichkeit. Bei Anthroposophie muss man sagen: sie wächst nur auf dem Boden der Brüderlichkeit; sie

kann gar nicht anders erwachsen als in der Brüder-lichkeit, die aus der Sache kommt, wo der Einzelne dem Anderen das gibt, was er hat und was er kann.

Rudolf Steiner, 11.6.1922, Wien, GA 211

Und es ist in der Tat jede wirkliche Gemeinschafts-bildung eine Art Geisterbeschwörung, weil dadurch eine Kraft entsteht, die größer ist als die Summe der Kräfte, die die Einzelnen besitzen ... Das Christus-Wort: "Wo zwei oder drei versammelt sind in meinem Namen, da bin ich mitten unter ihnen" erleuchtet und erfüllt, gerade wenn man es im Blick auf die "Wiederkunft Christi" versteht, eine wichtigste Gegenwartstendenz. .. Wahre Gemein-schaftsbildung ist ein Mittel zur Herbeirufung helfender göttlicher Kräfte, sie ist schließlich ein Mittel zur Verwirklichung des neuen Kommens Christi selbst.

Emil Bock, «Michaelisches Zeitalten»

Dadurch, dass die Menschen freiwillig ihre Gefühle zusammenstrahlen lassen, wird wiederum etwas über den bloß emanzipierten Menschen hinaus gebildet. Der emanzipierte Mensch hat seine indi-viduelle Seele. ... Aber dadurch, dass die Menschen sich in freiwilligen Zusammenhängen zusammenfinden, gruppieren sie sich um Mittel-punkte herum. Die Gefühle, die so zu einem Mittelpunkt zusammenströmen, geben nun wiederum Wesenheiten Veranlassung, wie eine Art von Gruppenseele zu wirken. ... Alle früheren Gruppenseelen waren Wesenheiten, die den Menschen unfrei machten. Diese neuen Wesen-heiten aber sind vereinbar mit der völligen Freiheit

und Individualität der Menschen.
Rudolf Steiner, 1.6.1908, GA 102

Nehmen Sie auch so etwas als einen Anfang hin, und wissen Sie, dass da, wo man in ehrlicher Weise einen solchen Anfang will, sich schon auch die Kräfte finden werden zur Verbesserung desjenigen, was in einem solchen Anfange gegeben werden kann. ... Es wird Ihnen aber gerade an diesem Beispiel klar sein können, wie überall eben aus dem Lebendigen heraus das Kultusartige gesucht werden muss. ... Etwas Prinzipielles kann es im Leben der Welt überhaupt nicht geben, sondern es kann nur das sich in Leben Wandelnde geben. Das darf man nicht als eine Inkonsequenz betrachten, sondern als eine Forderung des Lebens selbst.

Rudolf Steiner, GA 269, S.37, bezüglich der freien christlichen Handlungen

Sie müssen ja bedenken, meine lieben Freunde, dass dies nicht bloß sein soll eine Verbesserung, die dann von manchem vielleicht als eine Ver-schlimm-Besserung aufgefasst werden könnte, sondern dass dies zusammenhängt mit der ganzen Entwicklung.
Ich habe ja oftmals unter Ihnen betont, dass derjenige, der in der Realität lebt und nicht in Ideen, die Realität der Zeit ganz besonders anerkennen muss. Die Zeit ist eine Realität. Allein, es ist schwer, Verständnis hervorzurufen für die Zeit als Realität. Es gibt heute noch Leute, die mit denselben Sätzen die Dreigliederung des sozialen Organismus vertreten, wie ich sie vertreten habe aus den Zeit-verhältnissen heraus 1919. Ja, die Geschichte schreitet jetzt so schnell vor, dass es eigentlich

einem vorkommt: Wenn heute *(1923 !)* einer die Dinge in derselben Weise vertritt, mit der man sie 1919 vertreten hat, man da um Jahrhunderte zurückgeblieben ist.

Rudolf Steiner, 31.12.1923

Es ist jetzt unsere Aufgabe in Europa, eine christliche Infrastruktur zu gründen: überall kleine und größere Einrichtungen zu schaffen, wo intensiv geistig geübt und gearbeitet wird. Dann haben wir die Grundlage geschaffen für unsere Zukunft in dem großen Geisteskampf, worin wir stehen. ...

Wir müssen selbst den Anfang machen. Michael wartet ab. Sobald man aber Mut fasst und etwas anfängt, dann hilft er.

Wenn man sozial sein will, muss man also auch den Mut haben, dem Widerstand der Wirklichkeit zu begegnen. ...

Es ist unsere Aufgabe als Anthroposophen, diese christliche Infrastruktur zu bilden, damit die Atmosphäre mit einem christlichen Licht durchstrahlt wird.

Das ist meine große Sorge, ob das gelingen wird. ...

Bernard Lievegoed, «INFO-3», 11/1990

Diese anthroposophische Bewegung
ist nicht ein Erdendienst,
diese anthroposophische Bewegung
ist in ihrer Ganzheit
mit all ihren Einzelheiten
ein Götter-, ein Gottesdienst.
Und die richtige Stimmung
für sie treffen wir,
wenn wir sie ansehen in ihrer Gänze
als einen solchen Gottesdienst.

Rudolf Steiner, 24.12.1923, GA 260

ARBEITSMATERIAL ZUR KULTUS-FRAGE

Literaturhinweise

zur Kultus-Frage

Lesen Sie diesen Vortrag im Zusammenhang,
im Vortragszyklus:
DAS VERHÄLTNIS DER STERNENWELT ...
Rudolf Steiner, GA 219, Rudolf Steiner-Verlag,
ISBN 3-7274-2190-8

Zur Geschichte und aus den Inhalten der erkenntnis-
kultischen Abteilung der esoterischen Schule 1904-1914
ZUR EINFÜHRUNG :
VOM GEISTESWISSENSCHAFTLICHEN SINN DES KULTISCHEN
Hella Wiesberger, GA 265, Rudolf Steiner-Verlag
ISBN 3-7274-2650-0

VORTRÄGE UND KURSE
ÜBER CHRISTLICH-RELIGIÖSES WIRKEN
ANTHROPOSOPHISCHE GRUNDLAGEN FÜR EIN
ERNEUERTES CHRISTLICH-RELIGIÖSES WIRKEN
Rudolf Steiner, GA 342 - 346, Rudolf Steiner-Verlag

ANTHROPOSOPHISCHE GEMEINSCHAFTSBILDUNG
Rudolf Steiner, GA 257, Rudolf Steiner-Verlag
ISBN 3-7274-2570-9

RITUALTEXTE FÜR DIE FEIERN
DES FREIEN CHRISTLICHEN RELIGIONSUNTERRICHTS
Rudolf Steiner, GA 269, Rudolf Steiner-Verlag
ISBN 3-7274-2690-X

ZUR RELIGIÖSEN ERZIEHUNG
WORTLAUTE RUDOLF STEINERS
ALS ARBEITSMATERIAL FÜR WALDORFPÄDAGOGEN
Als Manuskript gedruckt durch die Pädagogische
Forschungsstelle beim Bund der Freien Waldorfschulen
INFO3-Shop – Edition Waldorf, www.shop.info3.de

DIE SAKRAMENTE   in der Fassung Rudolf Steiners
Freies christliches, anthroposophisch sakramentales
Handeln heute (Kultus-Handbuch)
Zusammengestellt von Volker David Lambertz
ISBN 3-00-003642-3
Pro-Drei-Verlag, Panoramastr. 22, D-88631 Beuron
T. 07579 933331
Email: ProDrei@pro3-verlag.de
Internet: www.pro3-verlag.de

FREI + CHRISTLICH - FREIE SAKRAMENTE HEUTE ?
Fragen an ein freies christliches, anthroposophisch
sakramentales Handeln heute
Volker David Lambertz, BoD-Verlag,
Als ausführliches Info-Buch (364 S.):
ISBN 978-3-8370-4307-5

Als zusammenfassende Info-Broschüre (104 S.):
NACHKIRCHLICHES CHRIST-SEIN
ISBN 978-3-8423-6570-4

BAUSTEINE FÜR EINEN SOZIALEN SAKRAMENTALISMUS
Dieter Brüll, Verlag am Goetheanum
ISBN 3-7235-0777-8

GESPRÄCH ALS KULTUS
Gerhard von Beckerath, Verlag am Goetheanum
ISBN 3-7235-1238-0

DAS ANTHROPOSOPHISCHE ERKENNTNISGESPRÄCH
ALS UMGEKEHRTER KULTUS
Herbert Ludwig,   Verlag Ch.Möllmann
ISBN 978-3-89979-133-4

KULTISCHE UND GEISTIGE KOMMUNION
Dietrich von Asten, Verlag am Goetheanum
ISBN 3-7235-0420-5

ANTHROPOSOPHISCHE BEWEGUNG
UND CHRISTENGEMEINSCHAFT
Kainiten und Abeliten - Manes, Gautama und Maitreya
Herbert Wimbauer, Selbstverlag
Mühlenhof, D-29597 Stoetze

DER PFINGSTIMPULS
UND DAS WIRKEN DES CHRISTUS IM SOZIALEN
Sergej Prokofieff, Verlag Freies Geistesleben
ISBN 978-3-7725-2095-2

DIE SOZIALE WELT ALS MYSTERIENSTÄTTE
Harrie Salman, Lazarus-Verlag
ISBN 3-924967-07-5

RELIGION, WELTANSCHAUUNG, WALDORFSCHULE
Günter Altehage, Edition Waldorf, www.Waldorfbuch.de
ISBN 978-3-940606-08-2

DIE SIEBEN SAKRAMENTE
in der Geschichte der Christenheit
Rudolf Frieling, Verlag Urachhaus
ISBN 3-8251-7288-0

PERIKOPENBUCH
Die Stellen aus dem Evangelium
für die freien christlichen Handlungen
Hrsg. Helmut von Kügelgen,
INFO3-Shop – Edition Waldorf, www.shop.info3.de

DAS NEUE TESTAMENT
INTERLINEARÜBERSETZUNG - Griechisch-Deutsch
Nestle-Aland / Ernst Dietzfelbinger, Hänssler-Verlag
ISBN 3-7751-0998-6

RUDOLF STEINER
Meister der Weißen Loge – Zur okkulten Biographie
Judith von Halle, Verlag für Anthroposophie
ISBN 978-3-03769-030 7

Forum Kultus

Wohin wenden wir uns *konkret*, als überkonfessionell, brüderlich suchende, *freie Christen*, vor allem als Anthroposophen, *wenn* wir die Hoch- und Notzeiten des Lebens - insbesondere Taufe, Trauung, Bestattung - «spezifisch anthroposopohisch» [R.Steiner] und damit allgemein-christlich und praktisch-kultisch feiern, aber keine *spezielle Kirche* in Anspruch nehmen wollen ?

Diese Frage wurde von Freunden und Mitgeschwistern auch uns als kultisch engagierte und tätige Anthroposophen - vorallem aus der Religionslehrerschaft der Waldorfschulen, der heilpädagogischen Arbeit und der Altenpflege - gestellt, sodass wir uns aufgerufen fühlten, den «freien christlichen» Impuls Steiners in seiner Ganzheit aufzuarbeiten und aufzubereiten, damit er wieder und zeitgemäß und praktisch für die Hoch- und Notzeiten des Lebens zur Verfügung steht.

Wurzelgrund ist uns der «Ethische Individualismus»;

und so sind wir keine Organisation, sondern ein IMPULS:

Anthroposophen die autonom, individuell verantwortet auf Fragen brüderlich antworten und kultisch beistehen ...

«... dann wird die Begegnung jedes Menschen mit jedem Menschen von vornherein eine religiöse Handlung, ein Sakrament sein, und niemand wird eine besondere Kirche, die äußere Einrichtungen auf dem physischen Plan hat, nötig haben, das religiöse Leben aufrechtzuerhalten.»

(Rudolf Steiner, 9.10.1918)

Inzwischen stehen alle sieben Sakramente, in der Fassung Rudolf Steiners, für eine überkonfessionelle, individuell konfigurierte, freie christliche Inanspruchnahme zur Verfügung.

Ausführlich finden Sie unser Anliegen auch im Internet unter: www.Forum-Kultus.de
oder im Informationsbuch «frei + christlich».

Förderkreis Forum Kultus

Initiative für ein
freies, anthroposophisch + sakramental vertieftes
Christ-Sein heute

Herrensteig 18, D-78333 Wahlwies - Bodensee
EMail: Post@Forum-Kultus.de

Sie können sich wenden an Volker David Lambertz.

Weihenacht 2012